# APRENDO
## A CREAR
# ÄRTE

susaeta

Texto: Matilde Bossi
Ilustraciones: Martín Orno

© SUSAETA EDICIONES S.A.
C/ Campezo, 13 - 28022 Madrid
Tel.: 91 3009100 - Fax: 91 3009118
www.susaeta.com
general@susaeta.com

D.L.: M-9240-2025

# índice

# Te presentamos el libro

En las primeras páginas aprenderás a reconocer las **DIFERENCIAS ENTRE ALGUNOS DE LOS TÉRMINOS PROPIOS DEL LENGUAJE VISUAL** que se emplean en las representaciones gráficas, pictóricas o escultóricas, que son los llamados **ELEMENTOS VISUALES O PLÁSTICOS.**

Más adelante te irás encontrando a **DISTINTOS ARTISTAS QUE FUERON MUY IMPORTANTES** en la historia del arte de finales del siglo XIX y del siglo XX, los llamados **ARTISTAS DE VANGUARDIA O VANGUARDISTAS.** Pertenecen a diversos movimientos artísticos y entre ellos **HAY SOLAMENTE UNO** que vivió unos siglos antes pero que, para su época, fue un adelantado.

¿Cuál será?

En palabras del gran maestro Pablo Picasso: «LA INSPIRACIÓN EXISTE, PERO TIENE QUE ENCONTRARTE TRABAJANDO».

Cada biografía va acompañada de **UNA OBRA QUE SERVIRÁ DE EJEMPLO PARA DISTINTAS ACTIVIDADES** que te animarán a desarrollar tu imaginación y creatividad, inspirándote en el estilo de cada artista. Contempla con atención cada cuadro o escultura. **DIBUJA, PINTA, MODELA Y EXPERIMENTA** con técnicas, materiales y herramientas diferentes.

¡No le pongas límites a tu curiosidad!

Esos artistas a los que llamamos **VANGUARDISTAS** querían simplemente crear y experimentar, hacer algo nuevo. Y para ello, **SE ALEJARON DEL ARTE CONVENCIONAL Y DEL ARTE ACADÉMICO.**

Los **IMPRESIONISTAS** fueron los primeros de este movimiento artístico que comenzaron a pintar al aire libre (*au plein air*). Ellos descubrieron que, **AL CONTEMPLAR LA NATURALEZA,** no vemos los objetos por separado, cada uno con su color, sino **UNA MEZCLA DE TONOS QUE SE COMBINAN EN NUESTROS OJOS.** Ponían los colores directamente sobre el lienzo, en rápidas pinceladas, y se preocupaban menos por los detalles que por el efecto visual del conjunto. Esta innovadora corriente artística inspiró los **NUEVOS ESTILOS ARTÍSTICOS:** expresionismo, arte abstracto, cubismo, dadaísmo, futurismo, surrealismo, simbolismo, minimalismo...

# Los elementos del lenguaje visual o elementos plásticos

Existen **DISTINTOS LENGUAJES ARTÍSTICOS,** como el arte visual, la escritura, la música, la danza, el cine, etc. Así como en las matemáticas se utilizan los números y signos para expresar ecuaciones, **CADA LENGUAJE ARTÍSTICO TIENE SUS PROPIOS SÍMBOLOS.** En la escritura son las letras, las palabras...; en la música, las notas, los ritmos... **El arte visual es un lenguaje que se expresa a través de la imagen.** Toda imagen se construye con elementos del lenguaje visual, también llamados **ELEMENTOS PLÁSTICOS,** propios de este lenguaje: *el punto, la línea, la forma, el espacio, la textura y el color.*

El **PUNTO** es el elemento plástico básico, el grafismo más pequeño que se puede dibujar. Su tamaño y forma dependerán de la herramienta o material con que se realice. **Los puntos se pueden alinear, juntar, dispersar, cambiar de color o tamaño** para lograr distintos efectos en una imagen.

La **LÍNEA** surge del desplazamiento continuo sobre una superficie. Las líneas pueden ser abstractas o bien el perímetro de formas. **POR SU EXTENSIÓN,** pueden ser cortas o largas; **POR SU DIRECCIÓN,** horizontales, verticales o diagonales; **POR SU FORMA,** pueden ser rectas o curvas en todas sus variedades, o líneas combinadas; **POR SU GROSOR,** gruesas o finas: si ese grosor es siempre igual se llama «línea homogénea»; en cambio, si se hace más ancha o más delgada en su recorrido, se llama «línea modulada».

La **FORMA** es la apariencia externa de los cuerpos. Es una figura que **tiene contorno, un límite determinado, tamaño, color y textura.** Una forma puede ser **RECONOCIBLE** a partir de la realidad o ser **ABSTRACTA.**

**Las formas existen contra un fondo y ocupan un lugar en el espacio** bidimensional (alto y ancho) o tridimensional (alto, ancho y profundidad).

El **ESPACIO** es el lugar donde se encuentran las formas. **Estas pueden adherirse al plano básico o sugerir profundidad.** En una representación bidimensional, la forma puede no sugerir profundidad, como sucede en el arte primitivo o contemporáneo, pero también se puede sugerir el volumen de las formas sobre el plano como se observa, por ejemplo, en el arte barroco mediante el uso del claroscuro. **UNA ESCULTURA ES UNA REPRESENTACIÓN TRIDIMENSIONAL.**

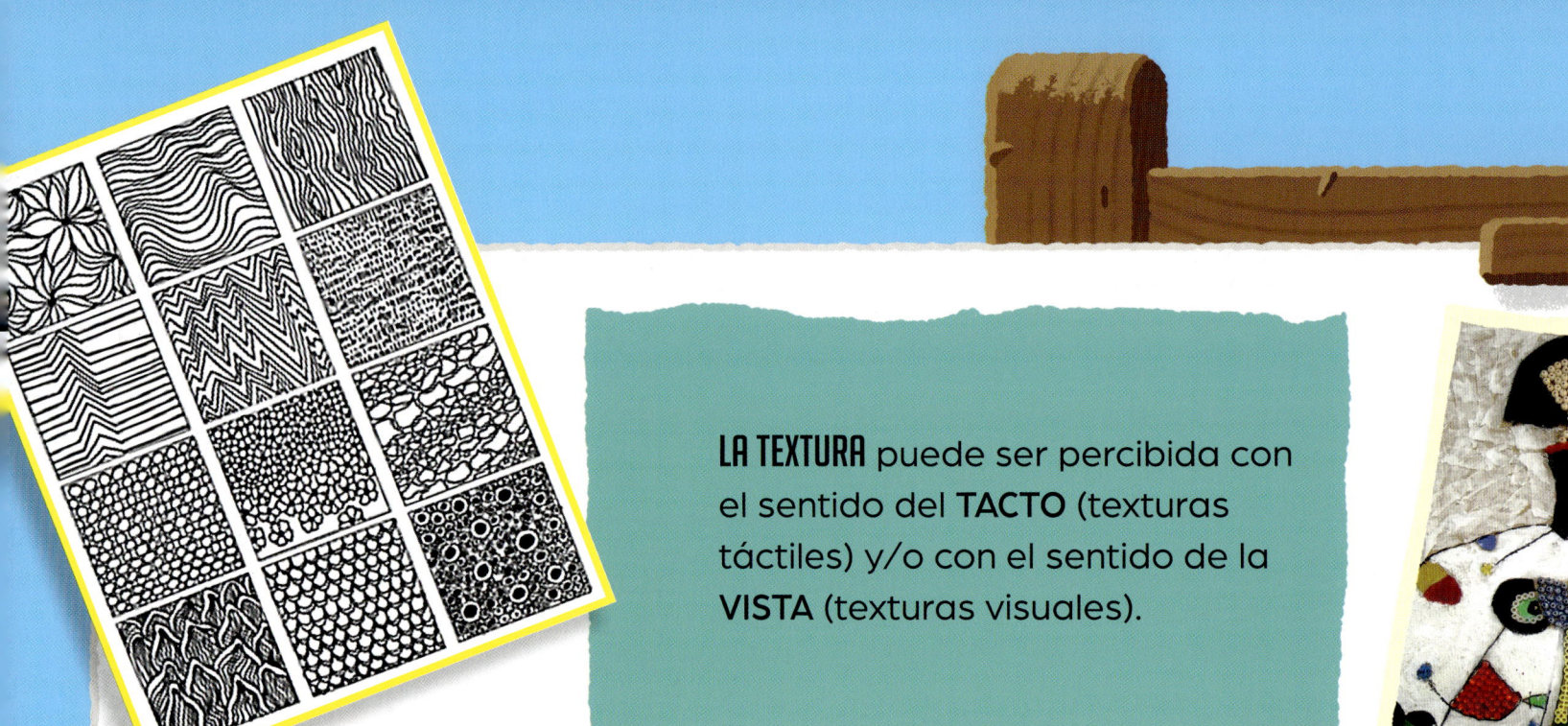

**LA TEXTURA** puede ser percibida con el sentido del **TACTO** (texturas táctiles) y/o con el sentido de la **VISTA** (texturas visuales).

**EL COLOR:** los colores con los que pintamos se llaman **COLORES-PIGMENTO.** Si mezclamos los haces de luz de los colores del arcoíris se obtiene la **LUZ BLANCA;** en cambio, si mezclamos con pinturas (pigmentariamente) todos los colores, estos se neutralizan y se obtiene un color **MARRÓN GRISÁCEO.**

**LOS COLORES PIGMENTARIOS:**

Han sido organizados en el llamado **CÍRCULO CROMÁTICO,** en el cual se ordenan los tres **colores primarios o básicos** (no se pueden obtener a partir de la mezcla de colores): *amarillo, azul y rojo,* y los tres **colores secundarios** obtenidos por la mezcla equilibrada de dos primarios: *verde, violeta y anaranjado.*

# CÍRCULO CROMÁTICO:

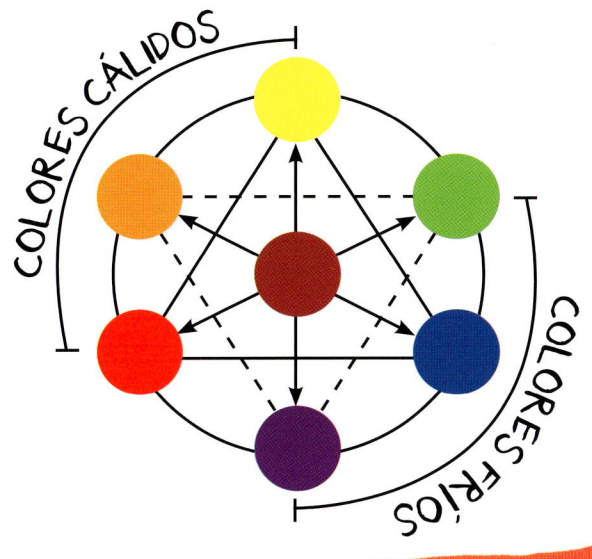

COLORES CÁLIDOS

COLORES FRÍOS

COLORES FRÍOS Y CÁLIDOS

COLORES COMPLEMENTARIOS

AMARILLO + VIOLETA    ROJO + VERDE    ANARANJADO + AZUL

## LOS COLORES COMPLEMENTARIOS:

Son los **OPUESTOS EN EL CÍRCULO CROMÁTICO.** Cada color primario tiene su color secundario complementario, que se obtiene con la **mezcla de dos primarios.** Visualmente, si dos colores complementarios están cerca, ambos resaltan sus características individuales.

## LAS OBRAS PUEDEN SER:

**ACROMÁTICAS:** las que carecen de color. En ellas se utilizan el blanco, el negro y el gris.

**MONOCROMÁTICAS:** son aquellas en las que aparece un solo color con sus variantes.

**POLICROMÁTICAS:** son aquellas en las que aparecen muchos colores con variantes.

# ¿Sobre qué, con qué y cómo puedes crear?

**SOPORTES:** son las **superficies sobre las que se dibuja o pinta,** y pueden ser de pequeñas o de grandes dimensiones, como una pared (pintura mural), por ejemplo.

**OTROS SOPORTES** son: *lienzo, madera, papel, cartón, pizarra, etc.*

**LA FORMA** de un soporte puede ser *cuadrada, rectangular, redonda o irregular.*

**HERRAMIENTAS:** son **los utensilios que permiten aplicar o transformar algunos materiales,** como el *pincel, brocha, esponjas, espátulas, hisopos, palillos, desbastadores, gubias, etc.*

**MATERIALES:** son **los medios con los que se pueden crear imágenes:** *tizas, carboncillos, ceras, pasteles, rotuladores, bolígrafos, lápices, tinta china, anilina, acuarelas, témperas, acrílicos, óleos, plastilinas, arcilla, papeles, arena, yeso, mármol.*

## Técnicas

**DIBUJO:** es una técnica bidimensional que crea imágenes visuales **MEDIANTE TRAZOS** hechos sobre un soporte.

**PiNTURA:** técnica usada tanto bidimensional como tridimensionalmente; consiste en **cubrir una superficie con pintura** para comunicar algo, embellecer o decorar a través del color.

**GRABADO:** técnica que consiste en **dejar hendiduras en una superficie (plancha o matriz) que luego se entinta y de la que se saca una impresión.** Se pueden reproducir múltiples copias a partir de una misma matriz, ya sea en madera *(xilografía)*, metal *(aguafuerte)* o piedra *(litografía)*.

**ESCULTURA:** es la técnica que permite **hacer formas con volumen y se desarrolla en el espacio tridimensional.** Las obras escultóricas se pueden observar desde distintos puntos de vista. Los **BAJORRELIEVES** son una transición entre la forma bidimensional y la tridimensional. Una escultura puede crearse *a partir del modelado, la talla o la construcción.*

**COLLAGE:** palabra que significa 'encolado', 'pegado con cola'. Con esta técnica **se crean imágenes pegando distintos materiales** con variedad de colores, formas y texturas.

**TÉCNiCA MiXTA:** es la **combinación de dos o más técnicas** para realizar una obra artística.

# SALVADOR DALÍ

Los elefantes.
Óleo sobre lienzo,
año 1948.

«¡Todo es cuestión de mirar! Enseguida la imaginación hace el resto».

SALVADOR DALÍ nació en 1904 en la ciudad de Figueras (Cataluña). Fue **PINTOR, ESCULTOR, GRABADOR, ESCENÓGRAFO Y ESCRITOR.** También hizo cine, fotografía y moda. Dalí creaba sus pinturas **deformando objetos o** **combinando elementos imposibles de juntar** en la realidad. Este tipo de obras se asociaron con una corriente artística llamada **SURREALISMO.** Murió en su ciudad natal, a los 84 años, y allí también está su propio museo.

*Obra:* Los elefantes. Dalí muestra un paisaje surrealista lleno de imaginación y magia. Los elefantes son un símbolo de fortaleza y solidez, pero aquí **Dalí los convierte en seres frágiles** con patas largas y muy delgadas, casi invisibles. Parece sacado de un sueño, ¿verdad?

De joven lo llamaban «señor Patillas», porque llevaba las patillas muy largas. Más tarde adoptó su característico bigote que, decía, le servía para recibir mensajes del espacio.

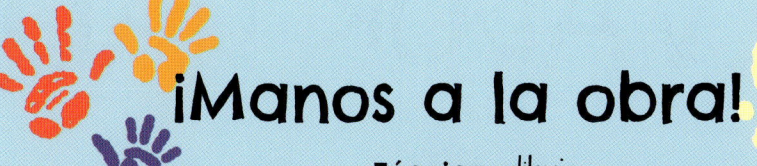

# ¡Manos a la obra!

**Técnica:** dibujo.

## PARA CREAR TU CUADRO NECESITAS:

**Papel** **Lápiz**

**Dado**

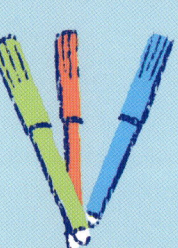
**Goma de borrar**

**Rotuladores**

**Lápices o ceras de colores**

## PASO A PASO:

• Escribe en un papel seis partes del cuerpo, seis animales y seis paisajes. Puedes guiarte por este ejemplo:

| 1 | CABEZA | PERRO | MAR |
|---|--------|-------|-----|
| 2 | TORSO | PEZ | DESIERTO |
| 3 | PATAS | LEÓN | SELVA |
| 4 | COLA | TORO | GLACIAR |
| 5 | OREJAS | CEBRA | CIUDAD |
| 6 | BOCA | ELEFANTE | ESPACIO |

• Tira el dado seis veces para definir cómo será tu animal. En la primera tirada definirás la cabeza; en la segunda, el torso; en la tercera, las patas, etc. Luego, tira una última vez el dado para saber en qué paisaje situar tu creación.

• Dibuja tu animal primero con lápiz y luego coloréalo como prefieras. Añade muchos detalles para que quede fantástico.

## PROPUESTA EXTRA:

Puedes hacer algo similar recortando y pegando trozos de revistas. Mezcla animales con objetos, ruedas de coches o zapatos. ¿Qué te parece situarlo en un paisaje extraterrestre?

# VASILY KANDINSKY

Línea transversal.
Óleo sobre lienzo,
año 1923.

*Obra:* Línea transversal. Kandinsky juega con líneas rectas y curvas que acompañan la línea transversal variando el grosor, la dirección y la longitud. **Esto convierte la pieza en una obra muy dinámica.** Kandinsky decía que a través de la línea podía transmitir emociones, movimientos y energía.

VASILY KANDINSKY fue un **PINTOR Y TEÓRICO DEL ARTE** nacido en Moscú, en 1866. Desde pequeño, su familia lo estimuló tanto en las artes plásticas como en la música.

**A pesar de su interés por el arte, estudió Derecho y Economía.** A los 30 años, se mudó a Múnich y comenzó a estudiar arte.

Alrededor de 1910, Kandinsky comenzó a **EXPERIMENTAR** con puntos, líneas, formas y colores; es decir, no había figuras que representaran objetos reales, **él encontraba su inspiración en la música.**

Sus obras eran muy originales para su época; por eso es considerado el creador de una nueva corriente artística: el **ARTE ABSTRACTO O NO FIGURATIVO.** Falleció en París en 1944.

«El reino del arte es un reino por derecho propio, gobernado por leyes propias y exclusivamente suyas».

# ¡Manos a la obra!

Técnica: dibujo, pintura y *collage*.

## PARA CREAR TU CUADRO NECESITAS:

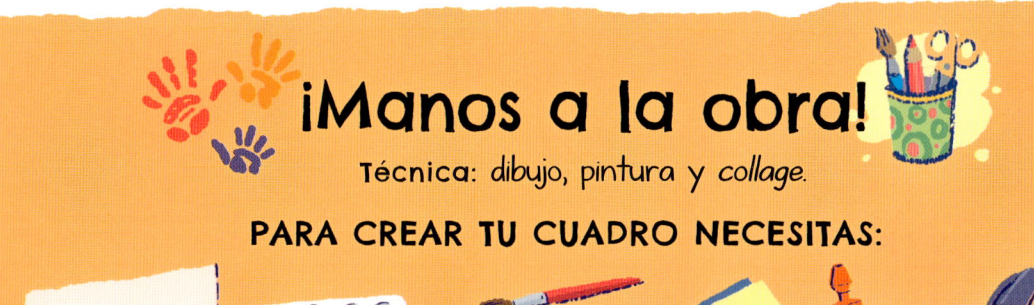

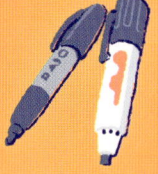

**Una hoja de papel grueso para acuarelas**

**Acuarelas o témperas**

**Esponja, pincel y cinta de papel**

**Papel, tijeras y pegamento**

**Rotuladores negros**

### PASO A PASO:

• Fija la hoja a la mesa de trabajo por todo el contorno con cinta de papel. Pasa la esponja empapada en acuarela o témpera aguada con uno o dos colores claros, y deja secar.

• Recorta tres o cuatro figuras geométricas y pégalas sobre la hoja.

• Comienza a trazar las diversas líneas sugeridas (unas más cortas y otras más largas) y colócalas en la hoja como más te guste.

• Puedes usar una regla para trazar las líneas, usar compás o dibujarlas a mano alzada. Pueden ser homogéneas o moduladas, abiertas o cerradas. Puedes utilizar rotuladores negros finos y gruesos.

¿Qué clase de música te sugiere la obra de Kandinsky? ¿Y tu propia obra? ¿Son melodías relajantes o suenan como un *rock and roll*?

En la obra *Línea transversal*, ¿crees que todo ha sido inventado por el artista o ves elementos de la realidad?

# PAUL KLEE

PAUL KLEE nació en 1879 en Suiza. A los siete años ya **disfrutaba dibujando en sus cuadernos escolares.** A los diecinueve se trasladó a Múnich (Alemania) para dedicarse a la pintura. En 1911 se sumó al **GRUPO EXPRESIONISTA «EL JINETE AZUL»,** donde conoció a Kandinsky.

**Fue un pintor muy libre.** Sus pinturas, de contenido imaginario o fantástico, parecen muy ingenuas; sin embargo, algunas poseen una **COMPLICADA ESTRUCTURA GEOMÉTRICA.**

En sus obras, Klee representa **rostros, personas, animales y ciudades muy peculiares.** Trabajó con muchos matices de colores y empleó diversos estilos como el **EXPRESIONISMO,** el **SURREALISMO,** el **CUBISMO** y la **ABSTRACCIÓN.**
Falleció en Suiza en 1940.

# ¡Manos a la obra!

Técnica: dibujo ciego y pintura.

## ELEMENTOS PARA LA ACTIVIDAD:

**Dos hojas gruesas, una blanca y otra negra**

**Una vela, témperas y ceras gruesas**

**Un rodillo pequeño de esponja o una brocha**

## PASO A PASO:

• Primero coge la hoja blanca y, con la parte inferior de una vela o una cera blanca, dibuja una línea al ritmo de una música que te guste. Haz un poco de presión al dibujar. Luego repite el procedimiento con la hoja negra, reemplazando la vela por una cera negra. Realiza ambos dibujos con los ojos cerrados y sin levantar la mano.

• Ahora pinta por encima de lo dibujado con una témpera aguada, usando el rodillo o la brocha.

• Una vez que la pintura de ambas hojas esté seca, pinta con pintura espesa y ceras grasas las formas cerradas y los espacios del fondo que tú quieras.

## PROPUESTA EXTRA

• Dibuja (a ciegas) líneas rectas sobre una hoja blanca y luego emplea colores fríos. En la hoja negra, en cambio, puedes dibujar líneas curvas y pintar con colores cálidos.

Bauerngarten in person.
Acuarela y tinta sobre papel japonés, año 1933.

«El color se ha apoderado de mí, ya no tengo que perseguirlo; sé que me ha dominado para siempre».

*Paul Klee*

*Obra:* Bauerngarten in person.
Hay una línea continua en tinta negra que delimita a una persona y a un paisaje.
**La línea negra es libre;** al cruzarse, va encerrando espacios que el artista pinta con acuarelas de colores intensos y planos.
**Predominan los anaranjados y azules en sus diferentes matices.** Solo se separa el cielo, en el que aparece, sin contorno, lo que podría ser el sol o bien la luna llena.

# FRIDA KAHLO

FRIDA KAHLO nació en 1907, en Coyoacán (Ciudad de México).
A los dieciocho años **SUFRIÓ UN ACCIDENTE DE TRÁFICO** del que salió gravemente herida, por lo que tuvo que estar en cama durante mucho tiempo. El padre de Frida hizo instalar **un espejo y colocó un caballete especial para que pudiese pintar en su cama.** Los espejos le sirvieron en otras ocasiones para pintarse a sí misma. Su obra está basada, sobre todo, en sus vivencias personales. La mayoría de sus pinturas son **autorretratos en los que refleja sus angustias y sus dolores.**
En 1929 se casó con el gran muralista mexicano **DIEGO RIVERA,** con el que compartía el gusto por el arte popular mexicano. Falleció en 1954, a los 47 años.

Autorretrato con collar de espinas y colibrí.
*Óleo sobre lienzo, año 1940.*

*Obra:* Autorretrato con collar de espinas y colibrí.
*Refleja la tristeza de la artista después de su divorcio de Diego Rivera.* **Utiliza símbolos cristianos** *(corona de espinas, mariposas y libélulas como símbolos de resurrección)* **y de la tradición mexicana:** *el colibrí representa el enamoramiento.* **Es de color negro y está muerto** *porque la artista está muy triste por su separación.*

«Pinto autorretratos porque estoy mucho tiempo sola. Me pinto a mí misma porque soy a quien mejor conozco».

## ¡Manos a la obra!

Técnica: dibujo, pintura y *collage*.

### PARA CREAR TU PROPIO AUTORRETRATO NECESITAS:

**Un espejo**     **Témperas**

**Recortes de revistas o imágenes impresas**

### PASO A PASO:
- Obsérvate en un espejo.
- Dibuja tu cara y también el entorno, que puede ser real o imaginario.
- Pinta con témperas y, mientras la pintura se seca, coge algunas revistas y recorta diversos elementos para añadir a la obra, como flores, animales, detalles de la ropa, y mucho más.

### ¡OTRA IDEA!
- Fabrica una máscara con un cartón recortado de forma ovalada o redonda. ¡Vuelve a observarte en el espejo! Dibuja y pinta algunas partes de tu rostro. En el resto de la máscara usa materiales de desecho y papeles de colores para completarla.

# JASPER JOHNS

El alfabeto.
Óleo y collage sobre panel,
año 1959.

Obra: El alfabeto. A partir de 1950, Jasper Johns trabajó con plantillas de las letras del abecedario. **Esta es la única obra que tiene todo el abecedario, desde la A hasta la Z.** Representa las letras en cuadrículas ordenadas y las combina con pinceladas en colores primarios y toques en rosa, anaranjado, verde, celeste, gris, marrón, negro y blanco.

«Para ser un artista hay que entregarlo todo, incluido el deseo de ser un buen artista».

JASPER JOHNS, **PINTOR, ESCULTOR, GRABADOR Y ARTISTA GRÁFICO,** nació en 1930 en Augusta (Georgia, Estados Unidos). En 1954, destruyó todas sus creaciones: «Decidí hacer solo lo que quería y no lo que otras personas hacían». Ese mismo año empezó a pintar **cuadros con la bandera de su país, mapas, blancos de tiro, letras y números,** temáticas que marcaron el rumbo hacia el **ARTE POP.**

Hacia 1960 comenzó a integrar en sus obras objetos reales y cotidianos, como *perchas, cucharas, latas, escobas, recortes de diarios y revistas.* JASPER JOHNS Y SU AMIGO ROBERT RAUSCHENBERG son considerados los promotores del **NEODADAÍSMO.**

# ¡Manos a la obra!

**Técnica:** dibujo y pintura.

## PARA CREAR TU CUADRO NECESITAS:

**Hoja gruesa grande**    **Lápiz negro y pincel**    **Témperas**

### PASO A PASO:

• Escribe en grande tu nombre o apodo sobre la hoja en letras mayúsculas, ya sea en horizontal, vertical o diagonal.
• Pinta con témperas al estilo de Jasper Johns, respetando los colores de su obra, y completa toda la hoja con pintura.
• También puedes escribir el nombre de algún integrante de tu familia en minúscula.

### ¡OTRA IDEA SUPERCREATIVA!
• Pide a un amigo o familiar que escriba la inicial de tu nombre o apodo en mayúscula sobre una hoja A4.

• Esa letra es una línea que será parte de un dibujo. Tú tendrás que completarlo con tu imaginación.
• Una parte de la línea de tu inicial puede pertenecer a un lado de una casa; otra puede ser parte de una persona o animal, etc. Continúa agregando todas las figuras que se te ocurran para colorear un dibujo figurativo. Por último, coloréalo con rotuladores y ceras.

# VINCENT VAN GOGH

VINCENT VAN GOGH nació en 1853 en Zundert (Holanda). En sus primeros cuadros pintaba sobre todo con **colores tierra.** Su hermano Theo lo puso **EN CONTACTO CON LOS PINTORES IMPRESIONISTAS** y, a partir de entonces, Vincent empezó a utilizar **colores más luminosos** y a pintar con pinceladas cortas y enérgicas.

Unos años después tuvo un **ATAQUE DE LOCURA** y se internó en un asilo de enfermos mentales; sin embargo, nunca dejó de pintar y de escribir cartas a su hermano Theo. Pintó muchísimos cuadros y dibujos, pero **su fama no le llegó hasta después de su muerte,** que ocurrió en 1890.

«¿Qué sería de la vida si no tuviéramos el valor de intentar algo nuevo?».

La noche estrellada.
Óleo sobre lienzo,
año 1889.

*Obra:* La noche estrellada.

Es un paisaje nocturno **pintado de memoria,** es decir, el artista no lo tenía delante. Por un lado, pintó el paisaje que veía desde una ventana e incluyó un pueblo, representado con **pinceladas cortas y esquemáticas.** También sugirió zonas arboladas con marcadas pinceladas curvas.

Por el otro, pintó **un ciprés** en primer plano con pinceladas sinuosas y con tanto movimiento que parece una llamarada de fuego.

# ¡Manos a la obra!

**Técnica:** dibujo y pintura.

**PARA CREAR TU CUADRO NECESITAS:**

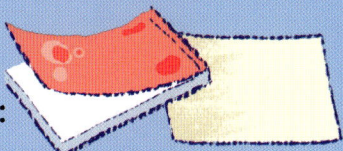

**Hoja gruesa o cartón blanco rectangular**

**Témperas o acrílicos y pincel**

**PASO A PASO:**

•Para recrear el hermoso cielo de Van Gogh coloca el soporte apaisado y dibuja la línea del horizonte baja, para que el espacio del cielo quede grande.

•Dibuja líneas curvas, onduladas y arremolinadas, como hizo el artista, para que sean una guía al trazar tus pinceladas. Coloca estrellas y la luna e inventa un pueblo o una ciudad.

Si quieres, puedes incluir uno o dos árboles en primer plano.

¡Recuerda que es tu obra, en la que puedes crear libremente y en la que pintas al estilo de Van Gogh!

•Prepara la pintura y úsala espesa, tal cual sale del tubo.
•Empieza con el cielo, imitando las pinceladas y los colores del cuadro de nuestro artista, y por último haz lo mismo con la tierra.

Vincent

# HENRY MOORE

HENRY MOORE nació en 1898 en Castleford (Yorkshire, Reino Unido). Sus primeras obras muestran la **influencia del arte precolombino.** Es conocido por sus grandes esculturas semiabstractas en las que representa mujeres, hijos y familias. Fusionó estilos como el ABSTRACCIONISMO, el SURREALISMO y el EXPRESIONISMO.

Es considerado **EL ESCULTOR MÁS DESTACADO DEL SIGLO XX** y su obra, presente en museos y espacios públicos, tuvo una fuerte influencia en la escultura figurativa contemporánea. Falleció en 1986.

Grupo familiar.
Escultura de bronce,
año 1950.

# ¡Manos a la obra!

Técnica: escultura con modelado.

## PARA CREAR TU PROPIA ESCULTURA NECESITAS:

**Cartón rígido**

**Pincel, palillos**

**Plastilina, pegamento y agua**

## PASO A PASO:

- Modélate con plastilina a ti y a cada persona que vive contigo, teniendo en cuenta las diferencias de tamaño y su posición: sentados, de pie, cogidos de la mano, abrazados, etc.
- Realiza los detalles de la vestimenta y las cabezas con la ayuda de palillos, que a su vez pueden servirte para unir las partes del cuerpo.
- Refuerza cada parte con una gota de pegamento.

- Coloca y pega todo el grupo sobre el cartón.
- Rellena el resto del cartón que queda libre con trocitos de plastilina de uno o dos colores diferentes: modela bolitas, aplástalas y luego pégalas en el cartón.
- Una vez completado el trabajo, disuelve pegamento en un recipiente pequeño con un poco de agua; luego, con un pincel, pinta tu escultura con el preparado. Deja secar y tendrás tu escultura familiar.

«El arte es la expresión de la imaginación, no la representación de la realidad».

_Obra:_ Grupo familiar.

Es una **escultura exenta,** es decir, se la puede observar desde todos los lados.

**Es figurativa:** se observa a una pareja con su hijo pequeño en brazos, sentados en un banco. **Las figuras están representadas de una forma sencilla y sintética.**

Esta escultura está ubicada en la entrada de una escuela secundaria en Barclay (Reino Unido).

Moore

# ROBERT DELAUNAY

«La pintura es, por naturaleza, un lenguaje luminoso».

ROBERT DELAUNAY nació en 1885 en París. Empezó a estudiar arte en su adolescencia. Junto a su esposa Sonia, fue pionero del **arte abstracto y del arte cinético.** Ambos impulsaron un movimiento llamado

**ORFISMO O CUBISMO ÓRFICO,** centrado en la abstracción, los colores vivos, el movimiento y el estudio de la armonía en la pintura. ¡Sus obras son vibrantes y con mucho contraste de color! Falleció en Montpellier (Francia), en 1941.

*Obra:* Ritmos.

Es una **obra bidimensional:** el cuadro se divide con una diagonal en la que se apoyan varias formas circulares que parecen moverse con RITMO ONDULANTE sobre un fondo grisáceo.

Ritmos.
Óleo sobre lienzo, año 1934.

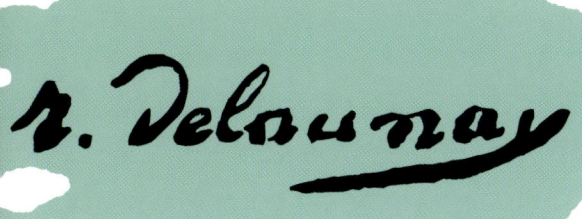

# ¡Manos a la obra!

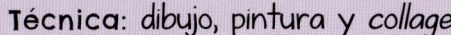

**Técnica:** dibujo, pintura y *collage.*

## PARA CREAR TU CUADRO NECESITAS:

**Hoja gruesa blanca y cartulina**

**Lápiz negro, témperas y pegamento**

**Regla, tijeras y compás**

### PASO A PASO:

- Coloca la hoja en vertical y con la ayuda de una regla, traza con lápiz negro una línea vertical o diagonal, como la de la obra.
- En la cartulina, dibuja dos círculos con un compás y dentro de ellos, un círculo más pequeño. Luego, dobla ambos círculos; recorta con tijeras por la línea del doblez y por los contornos de los círculos.

- Ahora tienes ocho recortes que pegarás, con la técnica del rebatimiento (es decir, girando una figura plana en torno a una recta o eje de rebatimiento, que actúa como bisagra), a lo largo de la línea recta dibujada.
- Con la ayuda del compás traza más círculos o semicírculos donde creas conveniente y píntalos con colores fuertes.

## ACTIVIDAD EXTRA

**Técnica:** *collage* con círculos.

- Recorta varios círculos de distintos tamaños y colores que contrasten con un fondo oscuro.

Algunos puedes recortarlos por el centro, hacer rebatimiento con 1 o 2 cortes, y también puedes superponerlos.
- Pégalos sobre el fondo.
- ¡Juega con círculos coloridos y crea una obra bien redonda!

# PIET MONDRIAN

PIET MONDRIAN nació en Holanda, en 1872. Sus primeras obras eran **paisajes en tonos grises y tierras.** En 1911 conoció las obras de Braque y Picasso; poco a poco fue interesándose más por la **ABSTRACCIÓN GEOMÉTRICA.**

Comenzó a pintar sus obras basándose en **líneas rectas y colores primarios** (rojo, amarillo y azul). Para él, esto representaba la armonía del universo. Falleció en Nueva York, en 1944.

 ## ¡Manos a la obra!

**Técnica:** dibujo y pintura.

**PARA CREAR TU CUADRO NECESITAS:**

Una hoja blanca gruesa

Un lápiz negro y una escuadra

Témperas

**Composición en rojo, amarillo y azul.**
Óleo sobre lienzo, año 1921.

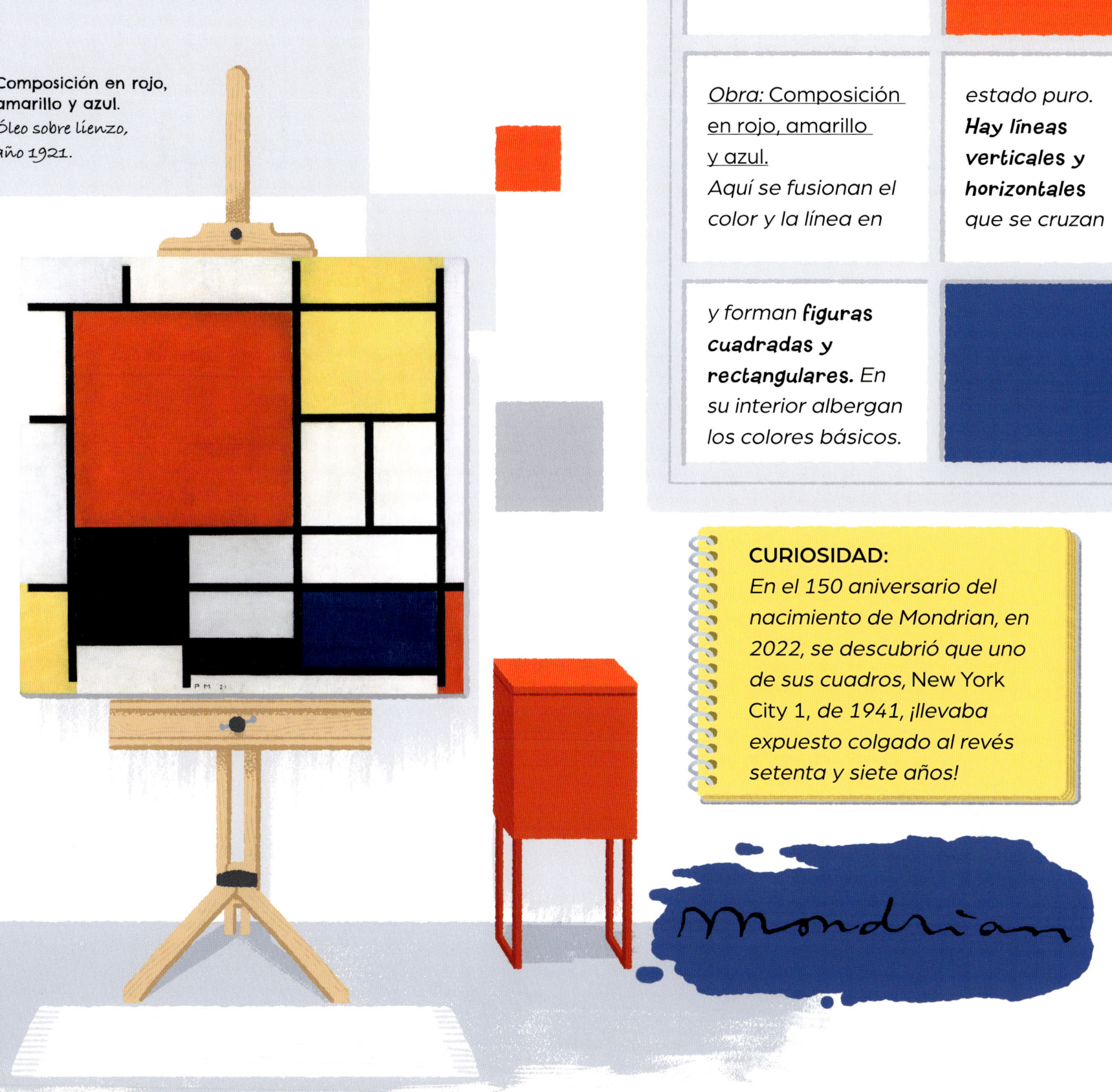

_Obra:_ Composición en rojo, amarillo y azul.
Aquí se fusionan el color y la línea en estado puro. **Hay líneas verticales y horizontales** que se cruzan y forman **figuras cuadradas y rectangulares.** En su interior albergan los colores básicos.

**CURIOSIDAD:**
En el 150 aniversario del nacimiento de Mondrian, en 2022, se descubrió que uno de sus cuadros, New York City 1, de 1941, ¡llevaba expuesto colgado al revés setenta y siete años!

## PASO A PASO:

• La composición geométrica que debes realizar consiste en trazar líneas rectas de 1 cm, aproximadamente, que formen ángulos de 90° al cruzarse y que luego pintarás de negro. Esas líneas, dispuestas en forma horizontal o vertical, estarán unas más cerca que las otras, ubicadas en el soporte de acuerdo con tu gusto.

• Al observar la obra de Mondrian verás que las líneas negras encierran espacios cuadrados o rectangulares pintados con los colores primarios, el gris, el blanco y el negro.

• ¡ATENCIÓN CON EL NEGRO! Es muy cubriente, por lo que siempre conviene añadir muy poco al blanco para lograr un gris claro. Antes de pintar, elige qué color tendrá cada uno de los espacios, dibuja con ese color muy suave con lápiz... ¡y comienza a disfrutar tu creación al estilo Mondrian!

# GIUSEPPE ARCIMBOLDO

ARCIMBOLDO, pintor italiano nacido en Milán hacia 1527, se hizo muy popular por su curiosa manera de pintar: sus **«CABEZAS COMPUESTAS»** eran una mezcla de naturaleza muerta y retrato. Esto quiere decir que los rostros estaban **compuestos por grupos de frutos, flores, animales y objetos** que, la mayoría de las veces, tenían alguna relación con la persona retratada. Dalí y Picasso fueron sus más fervientes admiradores.

*«Reino triunfante de la metáfora: todo es metáfora en Arcimboldo».* (Roland Barthes)

**Cabeza reversible con cesta de frutas.** *Óleo sobre tabla, hacia 1590.*

 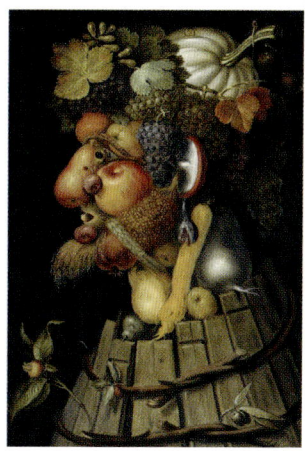

Estas dos obras pertenecen a la serie Las cuatro estaciones. *Cada una está **realizada con los frutos o flores que corresponden a su estación.** La de la izquierda es* La primavera; *la de la derecha es* El otoño.

*G. Arcimboldo*

# ¡Manos a la obra!

**Técnica:** *collage.*

**PARA CREAR TU CUADRO NECESITAS:**

Papel de colores

Tijeras

Pegamento

Revistas

**PASO A PASO:**
• Recorta muchas imágenes de revistas, folletos o periódicos; pueden ser flores u objetos como relojes, botellas, electrodomésticos, etc.
• Usa como fondo un papel de color que sea resistente y que contraste con la figura que vas a montar.
• Monta uno o dos personajes sobre la mesa: juega, prueba, cambia las piezas las veces que creas necesario, por aquí o por allá. ¿Cuáles podrían formar la cabeza, el tronco, las piernas y los brazos? Una vez que estés conforme con lo logrado, comienza a pegar tu personaje en la hoja de color.
• Al terminar, deja secar bien y luego, con algún rotulador o lápiz, añade los detalles que creas adecuados: antenas, garras, herramientas, etc.

**Obra:** Cabeza reversible con cesta de frutas. Representa **un bodegón de frutas que,** *al girarlo 180 grados,* **se convierte en un retrato de un hombre con sombrero,** *creando una imagen surrealista. Está compuesto por una cesta de frutas con manzanas, peras, uvas y castañas.*

# GUSTAV KLIMT

GUSTAV KLIMT nació en 1862 en Baumgarten (Austria). Fue uno de los fundadores y líderes de la **SECESIÓN DE VIENA,** un movimiento artístico que buscaba crear **un arte más moderno, diferente.** También fue uno de los principales **representantes del simbolismo y del** *art nouveau* **en Austria.** Sus obras son muy detalladas y ornamentales, emplea formas geométricas y colores vibrantes, además del dorado. Falleció en 1918.

«El arte es mi forma de comunicarme con el mundo; es mi voz cuando las palabras no pueden expresar lo que siento».

El árbol de la vida.
Mural con técnica mixta, año 1909.

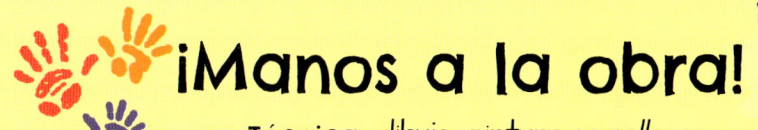 ¡Manos a la obra!

Técnica: dibujo, pintura y *collage*.

**PARA CREAR TU CUADRO NECESITAS:**

**Hoja gruesa grande**

**Pinceles y lápices**

**Pegamento y recortes de revistas**

**Rotuladores y pintura dorada**

• Dibuja en la hoja tu propio árbol de la vida. Puedes hacerlo con ramas que terminen con espirales, como en la obra de Klimt, o con otro tipo de líneas.
• Decora el árbol con elementos que formen parte de tu vida: personas, animales, plantas u objetos. ¿Es de día o de noche, hay sol o hay nubes? Puedes pintarlo con pintura dorada o hacerlo multicolor. Si deseas, puedes agregar recortes de revistas para completar la imagen.

## OTRA PROPUESTA (*):

Técnica: construcción y *collage*.

**Base de madera de 15 x 15 cm**

**Alicates, alambre maleable, clavos y martillo**

**Cinta de papel, papeles de colores, plastilina y elementos para decorar**

**Pintura acrílica dorada y pincel**

**PASO A PASO:**

• Con la ayuda de un adulto, dobla con unos alicates el extremo de al menos 10 alambres de un largo de 30 cm y forma pequeños círculos.
• Pasa un clavo por cada círculo, clávalos a la madera, junta los alambres y, con cuidado (sobre todo, por los ojos), comienza a torcerlos para montar el tronco.

• Separa de dos en dos alambres para hacer cinco ramas principales, que también debes torcer.
• Forra tu árbol con cinta de papel, píntalo con el acrílico dorado y deja secar.
• Decóralo pegando papeles de colores, abalorios, formas en plastilina, etc. Pinta o pega papeles en la base de la madera para que quede más completo.

(*) Pide ayuda a un adulto.

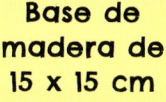

GVS·TAV KLIMT

*Obra:* El árbol de la vida. *En el centro de un jardín lleno de flores se encuentra el árbol de la vida, con muchas **ramas que forman espirales que simbolizan los distintos caminos** de la existencia. En las ramas hay un halcón negro, que representa el fin, y los ojos de Horus, el dios egipcio, con flores y hojas. En un lado, **una figura femenina** que simboliza la espera, y del otro, **una pareja abrazada** que representa el amor.*

# YAYOI KUSAMA

YAYOI KUSAMA, artista y escritora, nació en 1929 en Matsumoto (Japón). A los diez años comenzó a tener visiones de **campos llenos de puntos** y empezó a pintarlos en sus obras. Es una pionera del **ARTE POP** y del **MINIMALISMO**.

Sus obras son muy populares: pinta lunares y puntos, que la obsesionan, y quiere que el espectador se sumerja en **un mundo lleno de colores y creatividad**.

**Mushrooms.**
Acrílico sobre lienzo,
año 1995.

«Los lunares no pueden estar solos, como sucede con la vida comunicativa de la gente; dos o tres o más lunares llevan al movimiento. Nuestra tierra es solo un lunar entre los millones de estrellas del cosmos. Los lunares son un camino al infinito».

# Yayoi Kusama

*Obra:* Mushrooms.

*Esta es una de las obras de la serie «Mushrooms», que transporta al espectador a un bosque encantado lleno de hongos de colores brillantes. Están pintados con lunares que disminuyen o se agrandan, repetidos en forma alineada. También se ven círculos/óvalos concéntricos.*

## ¡Manos a la obra!

Técnica: grabado.

### PARA CREAR TU GRABADO NECESITAS:

Hojas A4

Plancha de poliestireno

Lápiz negro y témpera

Detergente de cocina o vaselina líquida

Un bolígrafo que no escriba

### PASO A PASO:

- Coge el poliestireno y dibuja sobre él, con lápiz negro, un elemento natural: puede ser una flor, una seta, una mariposa, un árbol, etc.
- Luego, con el bolígrafo, realiza un surco por el contorno de la figura dibujada. Rellénalo con puntos y líneas presionando lo suficiente para que se noten bien.
- Decora el fondo con puntos dispersos o alineados como si fuera un marco. ¡Añade los detalles que desees!

- Hazlo de tal manera que, al pasar la mano sobre la figura, sientas el relieve.
- Ten listas varias hojas; pinta el poliestireno con un solo color de témpera mezclada con agua y una gotita de detergente o vaselina líquida.

- Por último, coloca encima una hoja A4 y presiona con una mano para que la imagen dibujada se traspase a la hoja. Levanta la hoja y sepárala de la plancha con cuidado...
*Voilá!* ¡Has logrado el estampado de tu grabado!

# ALEXANDER CALDER

Maripose.
Chapa, varillas de metal y pintura, año 1960.

ALEXANDER CALDER, escultor estadounidense, nació en 1898, en Lawnton (Pensilvania). Basándose en la idea de que **hay fuerzas que mantienen el universo en equilibrio,** comenzó a construir sus móviles. Más tarde hizo los llamados **STANDING MOBILE O MÓVILES DE PIE.** Fue el primero en incorporar el movimiento a la obra de arte, convirtiéndose en **el precursor del arte cinético** (con movimiento). Falleció en 1976, en Nueva York.

*Obra:* Maripose. *Es una* **estructura flotante, ejemplo de peso y contrapeso, con formas abstractas.** *Es un móvil suspendido del techo que se mueve por efecto de la brisa.*

# ¡Manos a la obra!

**Técnica:** escultura móvil.

## PARA CREAR TU MÓVIL NECESITAS:

**Percha de alambre, ramita de árbol o alambre resistente**

**Regla, compás, tijeras y pegamento**

**Cartulinas de colores**

**Hilo de coser**

**Hilo resistente de nailon**

## PASO A PASO:

- Dobla por la mitad varias cartulinas de distintos colores. Luego dibuja con una regla cuadrados y rectángulos, y con el compás, marca los círculos. Haz seis formas en total, de 10 cm cada una.

- Recórtalas y obtendrás dos por cada forma geométrica dibujada.

- Corta seis hilos de coser que midan entre 50 y 80 cm.

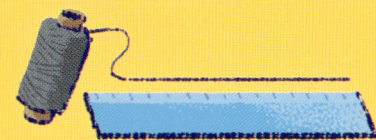

- Coge el primer par de formas geométricas y en una de ellas aplica un punto de pegamento en cada extremo; luego aplica un tercero en el medio, de tal manera que los tres puntos queden alineados.

- Coloca el hilo desde un extremo sobre esos puntos de pegamento y, encima de todo, la otra forma idéntica. Repite el proceso con el resto de las formas y deja secar.

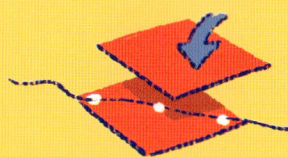

- Ata por separado cada uno de los hilos al soporte (rama o alambre resistente) que has conseguido, buscando que las formas queden a distintas alturas.
- Por último, ata el hilo más resistente en uno o dos lugares del soporte, hasta lograr el equilibrio de las formas. Luego, cuelga tu móvil en algún lugar de tu casa.

# CLAUDE MONET

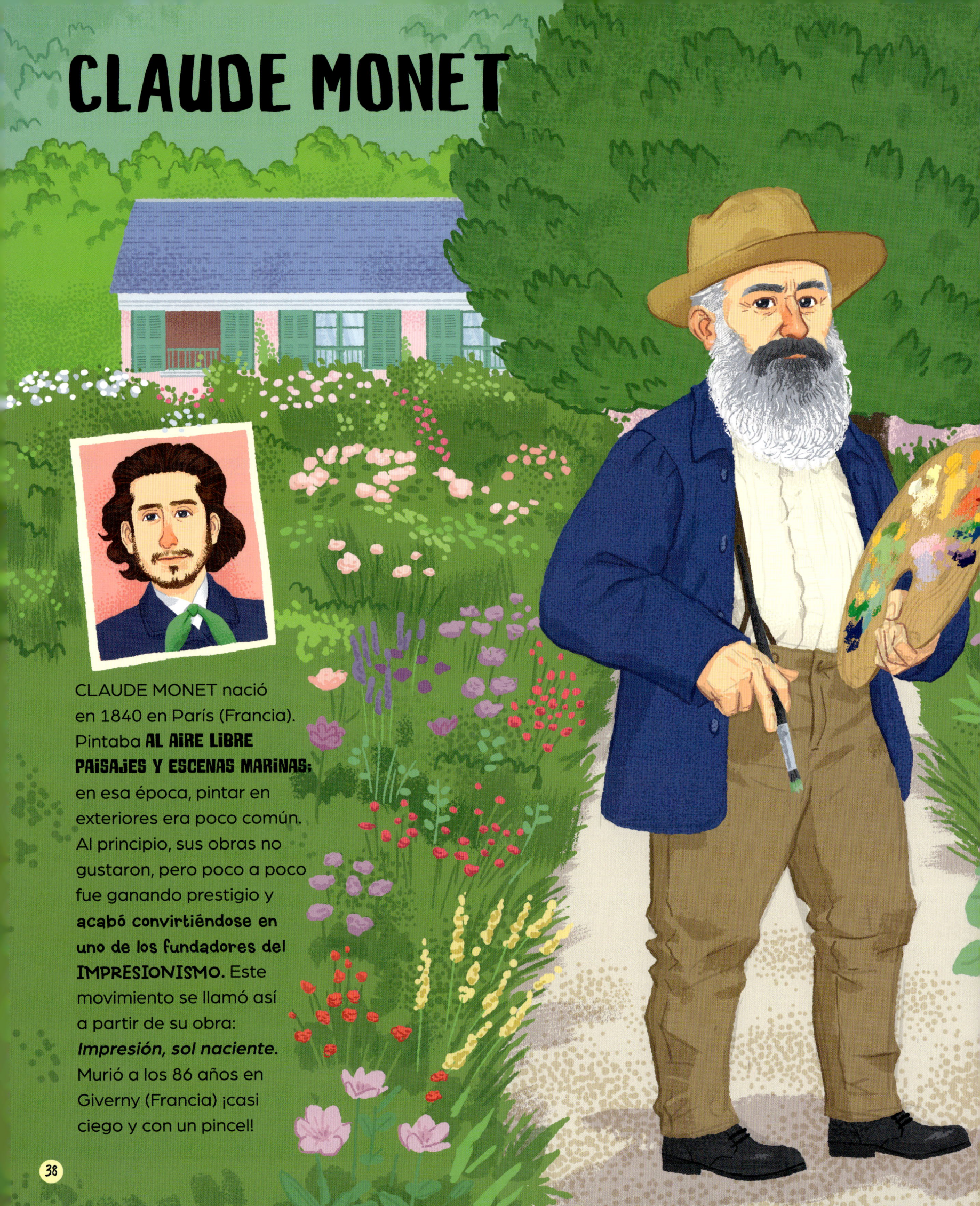

CLAUDE MONET nació en 1840 en París (Francia). Pintaba **AL AIRE LIBRE PAISAJES Y ESCENAS MARINAS;** en esa época, pintar en exteriores era poco común. Al principio, sus obras no gustaron, pero poco a poco fue ganando prestigio y **acabó convirtiéndose en uno de los fundadores del IMPRESIONISMO.** Este movimiento se llamó así a partir de su obra: *Impresión, sol naciente.* Murió a los 86 años en Giverny (Francia) ¡casi ciego y con un pincel!

El jardín del artista.
Óleo sobre lienzo,
año 1900.

*Obra:* El jardín del artista. Representa **una parte de su gran jardín en Giverny,** que lo inspiró para muchas de sus obras. La mitad del cuadro está cubierta por lirios, que desbordan sobre los senderos que llevan a la casa del artista. Si miras bien, ¡la obra está llena de luz y movimiento!

Claude Monet

# ¡Manos a la obra!

Técnica: monocopia, pintura.

## PARA CREAR TU OBRA NECESITAS:

**Hoja gruesa blanca, acetato o radiografía**

**Témperas y una gota de detergente o vaselina líquida**

**Brocha ancha y pinceles fino y mediano**

## PASO A PASO:

• Prepara por separado los colores celeste, azul, amarillo y verde y agrégale a cada uno una gota de detergente y agua.

• Coloca el acetato en forma apaisada, coge la brocha y pinta rápidamente: de la mitad para arriba, con celeste y azul; de la mitad para abajo, con amarillo y verde, mezclando los colores al aplicarlos.

• Superpón la hoja blanca sobre el acetato recién pintado y presiona suavemente en toda la superficie; luego levanta la hoja y habrás obtenido una monotipia. Sobre ella, pinta un jardín florido al estilo impresionista, con témpera espesa y pinceladas en forma de comas. Si pintas árboles, deja entrever los celestes del cielo logrados con la monotipia.

• Haz lo mismo cuando pintes las plantas y flores del jardín.

# HENRI MATISSE

«Quiero un arte de equilibrio, de pureza, que no atormente ni perturbe».

MATISSE nació en Francia, en 1869. Se convirtió en el representante de un **NUEVO MOVIMIENTO ARTÍSTICO, EL FAUVISMO** (de *fauves*: 'fieras salvajes'). Empezó a pintar con colores simples e intensos. Después de la Segunda Guerra Mundial siguió creando con un nuevo método: **LA «PINTURA CON TIJERAS».** Coloreaba papeles, recortaba formas orgánicas y geométricas y las pegaba haciendo *collages* muy creativos. Murió en Niza (Francia), en 1954.

## ¡Manos a la obra!

Técnica: *collage*.

PARA CREAR TU *COLLAGE* NECESITAS:

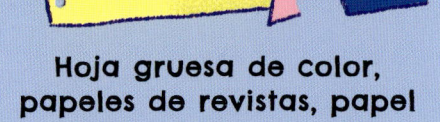

Hoja gruesa de color, papeles de revistas, papel cuché y papel vegetal

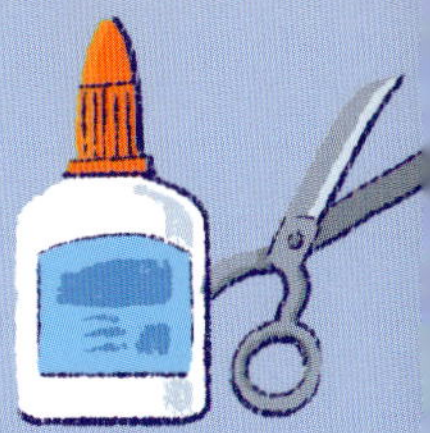

Pegamento y tijeras

Les Codomas.
Impresión de un collage,
año 1947.

*Obra:* Les Codomas. Aquí vemos representados a **los hermanos Codoma** (las dos figuras amarillas volando), **sobre el trapecio** (en blanco y azul). Por debajo, la red de seguridad en negro. El artista completó la obra con **recortes de formas orgánicas en fucsia y azul.** El fondo tiene una parte central en blanco, verde y amarillo, rodeado de anaranjado.

Henri Matise

## PASO A PASO:

Selecciona un tema:
- El fondo del mar
- En una fiesta de disfraces
- Mi familia y yo
- Paseando por la plaza
- Practicando mi deporte preferido

- Una vez que hayas elegido el tema, decide el color de la hoja que usarás como fondo sobre el que pegarás las formas. Recorta estas directamente con las tijeras o bien dibújalas antes de recortar. También puedes romperlas con las manos o rasgar el papel para conseguir tiras con bordes irregulares.
- Cuando ya tengas las formas, y antes de pegar, empieza a proyectar las diferentes capas de tu *collage* de atrás hacia delante y ve pegando cada parte. ¡Ya verás qué orgulloso te sientes del resultado final! ¡Puedes realizar más obras con el resto de los temas!

# PABLO PICASSO

«Hace tiempo que hemos renunciado a representar las cosas tal cual aparecen ante nuestros ojos… Seguiremos el ejemplo de Cézanne y elaboraremos un cuadro con nuestros propios temas. Podemos pensar en un violín y lo hacemos en sus diferentes aspectos al mismo tiempo».

CURIOSIDAD:

En su partida de bautismo figura que sus nombres eran: ¡Pablo Diego José Francisco de Paula Juan Nepomuceno María de los Remedios Cipriano de la Santísima Trinidad Ruiz y Picasso!

PABLO PICASSO nació en 1881 en Málaga. Al principio representó mendigos, vagabundos y personas de circo sobre fondos de un solo color, que corresponden a los **PERÍODOS** llamados **AZUL** y **ROSA**. Entre 1906 y 1907, pintó *Las señoritas de Avignon*, punto de partida de su **obra cubista**.

En 1937, creó el *Guernica*, **obra expresionista** y una de las más famosas del siglo xx, en la que **refleja el horror del bombardeo** sobre el pueblo de ese mismo nombre, durante la Segunda Guerra Mundial. Falleció en 1973 en Mougins (Francia).

Retrato de Dora Maar.
Óleo sobre lienzo, año 1937.

**Picasso**

<u>*Obra:*</u> Retrato
de Dora Maar.
*Es el retrato de la
fotógrafa Dora Maar.*
**El rostro se deconstruye
mediante el procedimiento
cubista:** *nariz, ojos y boca se
representan según distintas
perspectivas.*

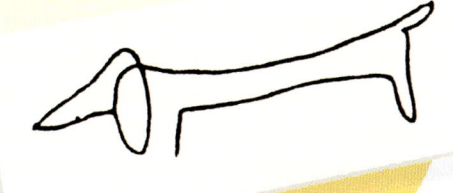

## ¡Manos a la obra!

Técnica: pintura.

### PARA CREAR UN RETRATO CUBISTA NECESITAS:

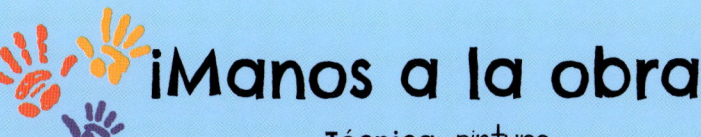

**Hoja gruesa, lápiz negro, pinceles y bastoncillos de algodón**

**Témperas o acrílicos**

### PASO A PASO:

• Decide cómo hacer la imagen: muy de cerca (en primer plano), desde la cabeza hasta el pecho (plano medio corto), desde la cabeza hasta la cintura (plano medio), desde la cabeza hasta mitad de las piernas (plano americano).

• **Decide la postura:** de pie o sentada; sus brazos, si es que se ven, ¿cómo los pondrías?

• **Decide el fondo que tendrá el retrato** (en el interior o en el **exterior**). ¿Qué elementos pondrías en ese espacio?

• **Observa detenidamente el rostro de la obra:** el frente y el perfil de la cara, de los ojos y de la nariz se ven al mismo tiempo; los colores no son colores reales.

Dibuja el retrato, el fondo y los elementos que hayas decidido incluir. Contornea con pintura negra todas las formas y aplica el color con un bastoncillo.

¡Ahora llegó el momento de disfrutar! Pinta usando con libertad los colores que te agraden sin guiarte necesariamente por los colores reales de la piel o de las figuras que hayas incluido.

# PAUL CÉZANNE

CÉZANNE nació en Aix–en–Provence (Francia), en 1839. Pintaba sobre los temas del Renacimiento: *figuras, retratos, paisajes y bodegones,* pero les imprimía su sello personal. **En sus pinturas representaba el mundo con formas simples y planos de color.**

Su obra sentó las bases de la revolución artística que se produjo en el siglo XX a través de Picasso y Braque. Se le considera un **PINTOR POSTIMPRESIONISTA** junto a Van Gogh y Gauguin y **PADRE DE LA PINTURA MODERNA.** Falleció en 1906 en Aix–en–Provence.

**Bodegón con jarra de leche y frutas.**
*Óleo sobre lienzo, año 1900.*

«Toda la naturaleza se moldea según la esfera, el cono, el cilindro. Hay que aprender a pintar sobre la base de estas figuras simples; después se podrá hacer todo lo que se quiera».

# ¡Manos a la obra!

**Técnica:** *dibujo.*

## PARA CREAR UNA ESCENA COTIDIANA NECESITAS:

**Hoja A4**

**Lápiz negro y goma**

**Lápices de colores y ceras**

## PASO A PASO:

- Observa el lugar de tu casa donde comes con tu familia: la mesa, las sillas y todo lo que hay alrededor. ¿Cómo son los elementos que usáis a diario para comer?
- Partiendo de lo observado, dibuja ese comedor y representa con el mayor detalle posible la mesa, las sillas, la vajilla, las botellas, la lámpara, y todo aquello que quieras añadir.
- Colorea lo dibujado.

## OTRAS PROPUESTAS:

- Elige tres o cuatro juguetes u objetos queridos, ordénalos de una forma que te agrade y represéntalos en primer plano.
- Dibújate compartiendo una cena junto a tu familia.

*Obra:* Bodegón con jarra de leche y frutas. *Cézanne pintó los mismos objetos una y otra vez, pero en cada cuadro lo hacía de una forma diferente. Utiliza el color propio de cada objeto y también el color que se refleja en él,* **con pinceladas expresivas y colores vibrantes que dan sensación de volumen, profundidad y dinamismo.**

*P. Cézanne*

# VICTOR VASARELY

**CURIOSIDAD:** La fábrica de automóviles Renault lo contrató para rediseñar el famoso logo de la compañía.

Pavo II.
Acrílico sobre tablero laminado, año 1979.

VICTOR VASARELY nació en 1906 en Hungría. Abandonó la carrera de Medicina para estudiar arte. A través de sus obras, Vasarely buscaba sorprender al público **MEDIANTE EL ENGAÑO EN LA PERCEPCIÓN:** hay formas ambiguas que parecen estar en movimiento pero en realidad están quietas. Así, **provocaba en el espectador una ilusión óptica.** Por eso se lo considera el fundador del OP ART O ARTE ÓPTICO. Falleció en París (Francia), en 1997, a los 91 años.

_Obra:_ Pavo II. El autor crea aquí una **ilusión de movimiento y de tridimensionalidad** _gracias a_ la combinación de **elementos geométricos** _y un fuerte_ **contraste** _entre el blanco y el negro._

# ¡Manos a la obra!

Técnica: _collage._

## PARA TU OBRA NECESITAS:

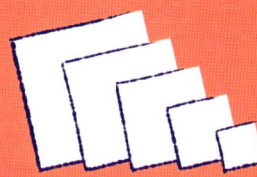

**Cinco cuadrados de papel blanco A4 de las siguientes medidas: uno de 21 x 21 cm; otro de 17 x 17 cm; otro de 13 x 13 cm, y dos de 9 x 9 cm**

**Cinco cuadrados de papel afiche negro de 23 x 23 cm; 19 x 19 cm; 15 x 15 cm; 11 x 11 cm, y el último de 7 x 7 cm**

**Lápiz negro, pegamento en barra, tijeras, regla y escuadra**

## PASO A PASO:

• ¡Ahora te enfrentas a un desafío de minuciosidad, y destreza manual y matemática! En este caso, lo harás con recortes y no con pintura acrílica, como hizo el artista.

• Para empezar, habrás tenido que dibujar, tanto en el papel negro como en el blanco, cada uno de los cuadrados, respetando las medidas sugeridas.

• A continuación, recorta los cuadrados; sepáralos por colores y ordénalos de mayor a menor. Comienza con el papel negro de mayor tamaño.

• Utilizando el pegamento en barra pega encima el cuadrado más grande de papel blanco pero inclinándolo un poco hacia la derecha, como en la obra _Pavo II._

• Continúa pegando de forma alterna por colores y en orden de mayor a menor los cuadrados restantes. ¡Recuerda que cada cuadrado debe tener una pequeña inclinación hacia la derecha!

• Aunque te haya costado un poco, seguramente habrás logrado tu objetivo. ¡Felicidades!

• Si te ha gustado trabajar con papel y tijeras, prueba a hacer lo mismo pero con círculos, usando dos colores que te gusten. Conserva las mismas medidas y realiza un pequeño desplazamiento en forma parecida a medida que vayas pegando los papeles, como en la obra anterior.

# ¿REPASAMOS Y SEGUIMOS APRENDIENDO?

**A.** Cada uno de estos **6 detalles** aparece en alguna de las obras de los artistas citados. ¿Sabes decir dónde?

**B.** Entre todas las obras de este libro, ¿en cuáles hay **animales**? ¿Y **frutas**?

**C.** ¿Quiénes son los dos **escultores** que presentamos?

**D.** ¿Qué pintor o pintora del libro utilizaba **espejos** para crear sus obras. ¿Lo recuerdas?